Juan Sch<span></span>

CU00866887

SEO REVELADO

Cómo Alcanzar La Página #1 De Google En 90 Días o Menos

SEO Revelado

TABLA DE CONTENIDO

PREFACIO

Más del 90% de los negocios que se inician por Internet fracasan el primer año porque sus dueños no supieron cómo generar visitantes hacia sus páginas web.

Imagínese que se le ha ocurrido la mejor idea para ganar dinero por Internet, que ha invertido dinero y/o tiempo en desarrollar un sitio web, y el día que lanza su sitio... NADIE lo visita.

Intenta generar tráfico de múltiples formas, pero ninguna le funciona. Y la mayoría se encuentra con la triste realidad de que ya han transcurrido semanas o meses y nadie los ha visitado.

Es así como la mayoría de los negocios por Internet cierran sus puertas al poco tiempo de haber nacido.

Para que usted no sea uno más de las estadísticas, he desarrollado este curso para que descubra cómo generar miles de visitas al mes a través de Google, el buscador más utilizado hoy en día. Descubrirá las estrategias más avanzadas que yo mismo he utilizado para lograr posicionar cualquier sitio web en los primeros lugares de Google.

Una vez que haya aprendido estas estrategias que NADIE más está enseñando, logrará vencer a su competencia y disfrutar de tráfico GRATIS para siempre. Y si usted está buscando ganar dinero con su sitio web, esto se traduce a ganar dinero en piloto automático.

DEFINICIONES IMPORTANTES

Antes de comenzar a hablar sobre el SEO y las estrategias a utilizar, me veo obligado a decirle qué es el SEO. SEO significa Search Engine Optimization (Optimización para Motores de Búsqueda). El SEO involucra ciertas prácticas para lograr mejorar las posiciones o el ranking de un determinado sitio web en los motores de búsqueda.

Aunque existen unos cuantos motores de búsqueda, yo sólo me voy a concentrar en Google, el buscador más utilizado en el mundo y el que lidera el mercado.

Quizás me escuche mencionar en este libro sobre el posicionamiento orgánico o natural. El posicionamiento orgánico o natural es una serie de actividades que involucra la optimización interna y externa de un sitio para que aparezca en los primeros resultados no pagos de Google. Y dije "no pagos" porque Google también presenta resultados patrocinados en sus búsquedas, lo que se denomina Google Adwords. Aunque estos últimos resultados no podemos optimizarlos haciendo SEO.

También debo explicarle qué es un dominio y un servicio de hosting o alojamiento web por si no lo sabe. Un dominio es el nombre por el cual se le conoce a un sitio web, una dirección fácil de recordar que los usuarios usarán para encontrar y acceder a un sitio web. Por ejemplo, para entrar al sitio web de Google debe escribir www.google.com. En este caso, google.com es el dominio.

Y para tener un sitio web en línea para que todo el mundo lo pueda visitar, es necesario contratar lo que llamamos un servicio de hosting o alojamiento web. Estas empresas de alojamiento web tienen servidores u ordenadores donde alojan nuestros sitios webs para que distintas personas en cualquier parte del mundo los pueda visitar.

Y me gustaría definir la palabra "indexar" ya que voy a utilizarla algunas veces en este curso. Cuando yo digo que Google "indexa" cierta página, me estoy refiriendo a que encuentra una página nueva y la incorpora a su índice. El índice es la base de datos de Google donde se encuentran todas las páginas del mundo.

POR QUÉ HACER SEO

El SEO o posicionamiento en buscadores nos permite atraer una gran cantidad de visitas totalmente gratis a nuestros sitios web, a diferencia de otras fuentes de tráfico gratis.

El SEO puede que requiera de una inversión inicial, pero una vez que estemos posicionados comenzaremos a recibir una gran cantidad de tráfico totalmente gratis, y lo más importante de todo, tráfico calificado, es decir, tráfico altamente interesado en lo que estamos ofreciendo, ya que podemos elegir nosotros mismos con qué frases queremos que nos encuentre nuestro público objetivo.

En cambio, si usamos tráfico pago, como Google Adwords, deberemos seguir pagando por ese tráfico, ya que si dejamos de pagar se nos termina las visitas a nuestro sitio, y terminará saliendo mucho más caro que el SEO.

¿Y por qué no elegimos otra fuente de tráfico que sea gratis, en vez de elegir el posicionamiento en Google? Existen otras fuentes de tráfico gratis, pero no nos generan grandes volúmenes de tráfico como el SEO. Esas fuentes de tráfico quizás nos pueden generar entre 10 ó 15 visitas al día, cuando con el SEO podemos generar mucho más que eso.

CÓMO NOS VAN A ENCONTRAR

Antes de iniciar una campaña de SEO, de contratar el servicio de hosting o de elegir el nombre de dominio de nuestro sitio, debemos saber con qué frase o palabras claves nos queremos posicionar en Google.

Antes de hacer un análisis de las palabras claves, debemos saber cuál es nuestro público objetivo. Al conocer a nuestro público objetivo, podremos tener una idea de qué palabras están buscando en Google para encontrar información.

La herramienta que se debe usar para hacer un análisis de las palabras claves es la herramienta para palabras claves de Google. Para ingresar a esta herramienta tan sólo debe escribir en el buscador la siguiente frase: "herramienta para palabras claves". El primer resultado que aparece es la misma página donde se encuentra.

La herramienta nos dice la cantidad de búsquedas que tiene una frase determinada. Podemos ver la cantidad de personas que están buscando esa frase por país y también mundialmente.

Algo que debo decirle para que no cometa un error que comete la mayoría de las personas que se inicia en esto, es que la competencia que muestra la herramienta no se refiere a la competencia con respecto al SEO, sino que se refiere a los anuncios pagos de Google, lo que se denomina Google Adwords.

Me han preguntado personas: "por qué no elijes tal frase, esta frase dice que no tiene competencia". Y yo les pregunto, "¿cómo sabes que no tiene competencia cuando en realidad sí tiene competencia?". Y me contestan, "pues, me he fijado en la misma herramienta de Google".

Google jamás le dirá a usted la competencia que existe con respecto al SEO o al posicionamiento orgánico. Google jamás querrá ayudarlo a usted a hacer SEO, ya que él quiere mostrar los mejores resultados en los primeros lugares, quiere mostrar aquellas páginas que legítimamente les corresponde las primeras posiciones. Y si Google le da a usted alguna ayuda para que pueda manipular los resultados estará rompiendo su regla más preciada.

Uno de los puntos más importantes que usted debe saber a la hora de elegir una frase para posicionarse en Google es la diferencia entre "frase exacta" y "frase amplia".

He cometido un grave error al iniciar mi sitio web www.VenderDesdeCasa.com. Usé mal la herramienta de Google, así como lo hace la mayoría de las personas. Analizando las posibles frases vi una en especial que me llamó la atención. La frase era "vender desde casa".

Esa frase tenía aproximadamente 673 mil búsquedas al mes. Busqué en Google esa frase y no había competencia. ¿Qué hubiese hecho usted? Lo mismo que yo hice. Registré mi dominio con esas palabras claves y contraté el hosting.

Una vez creado mi sitio web, comencé una campaña de SEO en torno a esa frase. En menos de 3 semanas llegué inmediatamente a la primera posición de Google. Seguro estará imaginándose la cantidad de visitas que estaba recibiendo.

Pero no sucedió nada de eso. Mi sitio web no recibía ninguna visita. A veces tenía solo 3 ó 4 visitas al día o a veces ninguna. ¿Qué estaba sucediendo? Volví a la herramienta de Google para saber qué sucedía. Pero no me daba cuenta. Pensé que quizás Google no estaba mostrando bien sus resultados para esa frase y decidí cambiarla. Vi que estaba la frase "vender en Internet", analicé la competencia y me decidí por esa frase.

¿Qué cree que pasó? Tenía más visitas que antes. Pero no estaba generando la cantidad que yo esperaba, es decir, la cantidad que me decía la herramienta de Google. Todavía no entendía muy bien lo que sucedía.

Hasta que finalmente un día descubrí lo que estaba sucediendo. A la izquierda de la herramienta noté que decía "Exacta", justo debajo de donde dice "Tipos de concordancia". Investigué qué era eso y me di cuenta del error que había cometido. Cuando ingresamos a la herramienta siempre nos aparece seleccionado por defecto "Amplia".

Voy a poner el mismo ejemplo que da Google. La frase "zapatillas tenis" no sólo muestra la cantidad de búsquedas de esa frase exacta. Sino que también está incluyendo la cantidad de veces que se busca la frase "tenis zapatillas" y todas las frases relacionadas con esas dos palabras. Esa es la razón por la cual hay tantas búsquedas. Pero si seleccionamos la

10

concordancia "exacta" veremos exactamente el volumen de búsquedas.

Otro punto importante que debe saber es que sólo el primer sitio que se encuentra en Google recibe la mayor cantidad de visitas. Los otros 9 sitios también reciben algunas visitas pero es muy poca comparada con el primero. Según un estudio que hizo Google, el porcentaje de clics en la primera página se distribuye de la siguiente manera:

Posición	% de Clics
1	56,36
2	13,45
3	9,82
4	4
5	4,73
6	3,27
7	0,36
8	2,91
9	1,45
10	2,55

Como puede observar, es muy importante que su sitio aparezca en la primera posición de Google. Si no está en la primera posición, recibirá muy pocas visitas al día, y si usted quiere que su negocio sobreviva con el tráfico SEO, es de vital importancia que aparezca en la primera posición.

Debemos estar seguros si vale la pena elegir una cierta frase y comenzar a hacer SEO. Para eso debemos estudiar a la competencia. Si queremos llegar al primer lugar, debemos necesariamente analizar si es posible hacerlo. Pero esta parte voy a explicarla mucho más adelante, ya que necesita saber las bases del

SEO para explicarle qué debe analizar en la página web de su futuro competidor.

DÓNDE NOS VAN A ENCONTRAR

Antes de comenzar una campaña de SEO es imprescindible saber dónde nos queremos posicionar, es decir, en qué país. No pretenda posicionarse en todos los países con frases competitivas ya que es muy difícil. Debe elegir el país donde quiere ser encontrado según el análisis de las palabras claves que hizo. Lo ideal sería elegir el país donde esa frase tiene más búsquedas mensuales. Eso si está buscando posicionarse con frases tales como "crear un sitio web" o "cómo jugar al golf". Pero si está buscando posicionarse con frases que ya contienen el nombre de una ciudad, es decir, supongamos que usted es abogado y quiere posicionarse con la frase "abogados en Barcelona", por supuesto que debería elegir España como país para posicionarse.

La pregunta es cómo elegimos dónde posicionarnos. Cómo le decimos a Google el país donde queremos aparecer en los primeros lugares. Existen tres maneras para hacerlo. Una forma de hacerlo es eligiendo que los servidores de la empresa de hosting que contratemos estén en el mismo país donde usted se quiere posicionar. Otra forma, es comprando un dominio cuya extensión pertenezca al país donde se quiere posicionar. La extensión de un dominio son las dos, tres o cuatro letras que vienen después del punto, tras el nombre del dominio. Por ejemplo, la extensión del dominio Google.com es .com, la extensión del dominio yahoo.com.ar es .com.ar. Igualmente yo siempre recomiendo que compre un dominio con la extensión .com si es posible.

14

Y la tercer forma de hacerlo, si los servidores no están en el país donde se quiere posicionar, es usando la herramienta de webmasters de Google. En esta herramienta lo que usted debe hacer es ir hacia la sección de "Información del sitio", luego a "Configuración" y por último a "Orientación geográfica". Allí deberá elegir su país. Y eso es todo. Con eso le estaremos diciendo a Google donde queremos aparecer en los primeros lugares.

Si pretende aparecer en todos los países es posible hacerlo, aunque se puede tardar mucho tiempo para frases competitivas. Primero llegará a la primera página de Google en el país que usted haya elegido. Una vez que llegó a los primeros lugares en el país que usted eligió, comenzará a asomarse en los demás países. La rapidez con que comience a aparecer en los demás dependerá de la competitividad de las palabras claves que haya elegido.

CONTENIDO DUPLICADO INTERNO

Algo muy importante que debe evitar es el contenido duplicado interno. Contenido duplicado interno significa que dos páginas distintas dentro de su sitio tienen exactamente el mismo contenido. Le voy a mostrar un ejemplo.

Por lo general, las siguientes páginas tienen el mismo contenido:

http://www.su-dominio.com/
http://www.su-dominio.com (sin la '/' al final)
http://www.su-dominio.com/index.html
http://www.su-dominio.com/index.php

Estas son las más comunes, pero puede haber más casos según como haya construido su sitio web. Por ejemplo, cuando ingresa a la página http://www.su-dominio.com/index.html y luego abre otra ventana para ingresar a http://www.su-dominio.com, si usted ve el mismo contenido pero en la barra de direcciones está viendo exactamente las anteriores URLs, entonces tiene contenido duplicado interno.

Lo ideal sería que http://www.su-dominio.com/index.html redireccione a http://www.su-dominio.com.

El contenido duplicado interno no es penalizado por Google. El problema puede surgir cuando vamos a crear enlaces. Algo que le voy a enseñar en un capitulo posterior es que para posicionarse en la primera pagina de Google es necesario dejar un enlace en otro sitio web hacia el suyo.

16

El problema surge cuando vamos a crear esos enlaces. Quizás algún día enlacemos hacia http://www.su-dominio.com y otro día hacia http://su-dominio.com (sin el www). Google ve a estas dos páginas como dos páginas distintas, por lo tanto, vamos a estar posicionando dos páginas totalmente distintas. O también podría suceder que otras personas les guste nuestro sitio y quieran recomendarlo enlazando hacia el nuestro. Pero quizás algunas personas enlazan con el www adelante y otras personas sin el www.

Existen dos formas de solucionar este problema: la manera complicada y la manera fácil y rápida. La forma complicada por supuesto que no la voy a mencionar, ya que existe la forma fácil y rápida de hacerlo. Lo que se debe hacer es ingresar un código en la página a posicionar, es decir, en el código HTML.

Si jamás ha visto el código HTML de algún sitio web, solo debe hacer clic con el botón derecho del mouse en cualquier lugar del sitio web que está mirando y elija "ver código fuente" o algo similar. Esto último va a depender del navegador que esté usando. Una vez que hizo clic en esa opción, le aparecerá el código fuente. Ese es el código HTML. Si usted no sabe como modificar el código HTML de su sitio debería contratar a un programador web.

Lo que se debe hacer es insertar el siguiente código antes del cierre de la etiqueta HEAD:

```
<link rel="canonical" href="http://www.su-dominio.com/" />
```

Una vez que haya ingresado este código a la página que quiere posicionar en Google, no tendrá más problemas de contenido duplicado interno. Si está usando Wordpress para su sitio web, existe un plugin que se llama "All in one seo" y resuelve este problema inmediatamente. Tan solo debe instalar el plugin y deberá seleccionar una opción que dice "Canonical URLs".

Si bien esto resuelve el problema del contenido duplicado interno, le recomiendo que siempre sea consistente a la hora de crear enlaces. Es decir, construya enlaces siempre hacia la misma dirección, por ejemplo, yo construyo siempre enlaces hacia http://www.mi-dominio.com/

OPTIMIZACIÓN INTERNA

Si todavía no ha comprado su dominio, debe comprar uno con las palabras claves en él. Se ha dicho hace un tiempo atrás que Google no iba a tener muy en cuenta las palabras claves en el dominio, pero por los tests que he hecho se nota que todavía le sigue prestando mucha importancia a las palabras claves en el dominio.

La duración del dominio también es importante. Cuando vaya a comprar un dominio para su sitio web es recomendable que la duración del mismo sea mayor a 3 años. De esta manera le estamos diciendo a Google que tenemos intención de quedarnos unos cuantos años y eso cuenta levemente para el posicionamiento.

Es muy importante tener en cuenta que Google posiciona páginas y no sitios web. Esto lo aclaro porque muchas personas creen que Google sólo posiciona el sitio entero. Google solo posiciona páginas. La mayoría de las veces sólo se posiciona la home de nuestro sitio porque siempre todos los enlaces externos o backlinks están apuntando hacia esa página. Igualmente yo siempre recomiendo que se posicione la home de nuestro sitio siempre que sea posible.

Algo que también recomiendo es que elija posicionar una o dos frases claves por página. Hay personas que eligen posicionar mas de dos frases por página y creo que es mucho más fácil optimizar cada página para una o dos frases (yo recomiendo una, pero dos está bien). ¿Por qué recomiendo solo una o dos por pagina? Ya lo vamos a ver en un momento más adelante.

Quizás halla oído alguna vez de la "meta keyword" y la "meta description". Estos son códigos HTML que se insertan antes del cierre de la etiqueta HEAD. Básicamente lucen de la siguiente manera:

```
<meta name="description" content="Descripción de la página" />
<meta name="keywords" content="Tus palabras claves separadas con comas" />
```

Lo que voy a decirle va en contra de lo que dicen muchas personas. Por mi experiencia, no es necesario usar la "meta keyword", porque Google no la tiene en cuenta. Los demás buscadores no sé si la tendrán en cuenta, pero igualmente a nosotros sólo nos preocupa Google, el buscador más utilizado en el mundo. Y le recomiendo que la "meta description" sólo la utilice en aquellas páginas que quiere posicionar. No es necesario utilizarla, pero es recomendable, así cuando una persona busca en Google verá una buena descripción y se decidirá por su página. Le recomiendo que use sus palabras claves en la descripción, no para Google, sino para el usuario, ya que al ver las palabras claves habrá más posibilidades que haga clic en su página.

Si está usando Wordpress en su sitio web, esto último se puede hacer fácilmente con el plugin "All in one seo". No escriba más de 160 caracteres en la descripción porque Google sólo toma los primeros 160.

Antes de la actualización de Google Panda, yo recomendaba 300 palabras como contenido en la página. Pero en la era post-panda, yo recomiendo 1000 palabras o más. Pero quizás se esté preguntando qué es Google Panda. Google Panda fue una gran actualización de los algoritmos de búsqueda de Google. En síntesis, lo que hizo esta actualización fue limpiar los resultados de búsqueda.

Google se dio cuenta que había mucho contenido basura en las primeras posiciones, contenido que no interesaba mucho al usuario y sólo estaba para satisfacer a Google. Este buscador lo que hizo fue cambiar totalmente su algoritmo para que el robot de Google logre diferenciar el rico contenido del contenido basura. Así, sólo permaneció en los primeros lugares el contenido relevante y único que interesa al usuario. Y los demás sitios con contenido basura terminaron en los últimos resultados.

En cuanto a la densidad de palabras claves, yo recomiendo una densidad del 1 ó 2 %. La densidad de palabras claves es la cantidad de veces que nuestra frase o palabras claves aparecen en el contenido de la página. Es decir, si tiene 1000 palabras en el contenido de la página, debería aparecer 20 veces cada una de sus palabras claves, suponiendo que haya elegido un 2% de densidad.

Algo importante que debo mencionar es que, al comienzo, su sitio debería tener nuevo contenido cada día si es posible. Esto sirve para que Google vea que su sitio está actualizado, lo cual nos beneficia para el posicionamiento web. Esto debería repetirse la primera semana (todos los días si es posible), y luego agregar contenido 2 ó 3 veces a la semana hasta que hayan transcurrido 4 semanas o más. Luego se puede disminuir la frecuencia a una semana después de haber transcurrido otro mes. Y después se podría publicar 1 ó 2 veces por mes. Por supuesto, si usted quiere publicar contenido frecuentemente, puede hacerlo. Esta última recomendación fue por si no tiene mucho contenido para agregar a su sitio.

Lo que voy a decirle ahora debe cumplirlo al pie de la letra. Muchas personas lo ignoran o no le dan la importancia que se le merece. Es 100% necesario que sus palabras claves estén en el título de la página a optimizar y también que haya una etiqueta h1 con las palabras claves en ella. Google lo primero que va a leer cuando llegue a su sitio es el título y la etiqueta h1. Si sus palabras claves no están en el título o en la etiqueta h1, Google interpretará que la página no es importante para las palabras claves con las cuales usted se quiere posicionar. Si su sitio no tiene una etiqueta h1, debería agegarla.

Si es posible, pero no obligatorio, use sus palabras claves también en las etiquetas h2 y h3. Pero no incluya sólo sus palabras claves, incluya otras palabras para que no sea muy sospechoso, al menos en alguna de esas dos etiquetas. Por ejemplo, si su frase clave es "bajar de peso", puede usar en la etiqueta h2 la frase "como bajar de peso".

Quizás esto ya lo sepa porque es algo muy importante en el SEO, pero nunca debe tener contenido duplicado en su sitio (contenido copiado textualmente de otro sitio web y pegado en el suyo). Tampoco debe tener contenido de otro sitio pero con las frases ligeramente cambiadas o las palabras cambiadas por sinónimos, porque Google se da cuenta y no se molestará en posicionar su sitio web. Usted debe tener contenido relevante, contenido que no se encuentre en ningún otro sitio web si es posible.

Otro punto no tan importante pero que debería controlar es el código fuente o código HTML con errores. Si hay demasiadas fallas en el código HTML de la página a posicionar, a Google no le gustará. Existe una herramienta online para controlar esto y la puede encontrar en http://validator.w3.org/. Allí debe ingresar su sitio y la herramienta le dirá cuántos errores de código presenta. Debería mantenerlo aproximadamente debajo de 30. No es necesario que esté perfecto, ya que el mismo Google presenta errores.

También debe controlar que no haya enlaces rotos en el sitio. A Google no le gusta encontrar páginas 404 (páginas no encontradas). Existe una herramienta online para controlar esto y la puede encontrar en http://validator.w3.org/checklink.

El contenido de la página a optimizar debería contener imágenes y algunos videos si es posible, para que Google vea que hay multimedia en el sitio. Al menos una imagen y un video, con eso alcanza. Algunas personas recomiendan usar las palabras claves en la etiqueta alt de las imágenes. Si no sabe qué es esto, aquí tiene un ejemplo:

<img src="http://www.su-dominio.com/imagen.jpg" alt="su frase clave" />

Yo no lo utilizo porque sería como un exceso de palabras claves en el contenido. La etiqueta alt simplemente sirve para que usted agregue una descripción de la imagen, pero tampoco es obligación hacerlo.

En todas las páginas del sitio debería existir un enlace hacia la página que desea posicionar. Por lo general es la home del sitio, así que no tiene que preocuparse mucho por eso, ya que siempre existe un link en todas las páginas hacia la home del sitio. Algo importante que se debería cumplir, si es posible, es que esos links incluyan la frase clave con la cual se quiere posicionar. Es decir, que el texto visible y clickeable de los enlaces contengan la frase clave.

En las demás páginas se debería usar dos o tres veces las palabras claves principales del sitio, para que Google vea que el mismo sitio gira en torno a esas palabras claves. Estaría muy bien si se usara la frase clave en los títulos de las demás páginas si es posible.

Es necesario que todo el sitio tenga un buen enlazado. Es decir, Google debe encontrar todas las páginas del sitio con facilidad. Si esto no se puede lograr, es posible subir un Sitemap a la herramienta de webmasters de Google. Si tiene una plataforma instalada como Wordpress o Joomla, es posible generar automáticamente un Sitemap. Sólo debe instalar el plugin correspondiente y listo. Si no tiene ninguna plataforma, puede entrar a http://www.xml-sitemaps.com/ y podrá generar su propio Sitemap.

Para subir el Sitemap a la Herramienta para webmasters de Google simplemente debe entrar a la sección "Información del Sitio" que se encuentra a la izquierda, hacer clic donde dice "Sitemaps" (debajo de "Información del sitio") y luego aparecerá una opción para subir su Sitemap.

Existe un archivo llamado "robots.txt" que sirve para decirle ciertas cosas a Google, tales como dónde se encuentra nuestro archivo Sitemap, o para decirle que no indexe ciertas páginas. Yo estoy comenzando a NO utilizar este archivo a menos que quiera decirle a Google que no me indexe cierta página, pero por lo general yo permito que indexe todo.

Por lo tanto, si no quiere usar este archivo no lo utilice. No es necesario. Pero si desea que Google no indexe cierta página o cierto archivo de su sitio web, se usa de la siguiente manera:

User-agent: *
Disallow: http://www.su-dominio.com/pagina-no-indexar.html

Con la línea "User-agent: *" básicamente estamos diciendo que queremos que todos los buscadores indexen nuestro sitio web, además de Google. En la página web http://www.robotstxt.org/ puede encontrar más opciones sobre este archivo si lo prefiere.

Como le mencioné anteriormente, Google no posiciona sitios, sino que posiciona páginas. Por lo tanto, no es necesario posicionar la home de su sitio web si no quiere. Puede optimizar una página dentro de su mismo sitio para posicionarla en Google. Si va a hacer esto, debería usar su frase clave en la URL de la página. Por ejemplo, supongamos que quiere posicionarse con la frase "bajar de peso", es mucho mejor crear una página con la dirección URL:

www.su-dominio.com/bajardepeso.html,

que con la dirección URL:

www.su-dominio.com/pagina1.html.

Y recuerde de optimizarla como le expliqué anteriormente.

Otro punto importante a evitar es que todo el sitio esté constituido por texto. Es decir, me refiero a que no incluya flash en su sitio ya que Google no puede leer los archivos flash. Con flash es posible hacer sitios interactivos con contenido multimedia. Permite hacer excelentes gráficos y presentaciones, pero el inconveniente es que Google no lee flash. Google sólo lee lo que aparece en el código fuente de la página. Lo que no aparece en el código fuente, Google no lo leerá.

LA CLAVE DEL POSICIONAMIENTO WEB

Seguramente ya sabe cuál es la clave del posicionamiento web si tiene algo de experiencia en el SEO. El posicionamiento lo va a determinar los enlaces externos o backlinks. Seguramente esto ya lo ha escuchado antes: usted puede tener la mejor optimización interna del sitio para satisfacer a Google, pero si no crea enlaces (y de calidad) jamás se va a posicionar.

Vamos a explicar qué es un enlace externo o backlink por si recién está aprendiendo todo esto. Un enlace externo o backlink es un enlace que nosotros dejamos en otro sitio hacia el nuestro. Lo natural sería que ese enlace haya sido dejado allí por el dueño de aquel sitio. Ese fue el objetivo principal de los creadores de Google. Si un sitio tiene un enlace hacia otro, significa que este segundo sitio es importante para el primero. Entonces por esa razón Google se basa en los enlaces y por eso más del 80% del SEO consiste en crear enlaces.

Lo ideal sería que los otros sitios recomienden al nuestro de manera natural, es decir, sin que nosotros tengamos que intervenir. El problema es que un sitio totalmente nuevo es muy difícil que sea conocido a los pocos días de haber sido creado. Por lo tanto, debemos ser nosotros los que interfiramos en la creación de enlaces para nuestro sitio.

¿Cómo dejamos enlaces en otros sitios? La construcción de enlaces yo considero que es todo una ciencia. Dónde crearlos, cómo crearlos, cuántos, cuáles convienen o cuáles no convienen. Primero quiero empezar diciendo que no es totalmente necesario que el sitio donde vamos a dejar un enlace esté relacionado con el tema de nuestro sitio. Ayuda que el tema esté relacionado, pero no es totalmente necesario. Yo más del 90% de las veces no cumplo esta regla. Y tampoco es necesario que el sitio esté en nuestro idioma, puede estar en cualquier otro idioma.

Antes de entrar en materia le voy a explicar qué es el pagerank. El Pagerank fue desarrollado por los creadores de Google y básicamente es un valor entre 0 y 10 que se determina en base a la cantidad de enlaces externos o backlinks que tiene una página, es decir, enlaces hacia su página que se encuentran en otros dominios. Y como vamos a ver ahora mismo, el pagerank es muy importante a la hora de construir enlaces.

Para que un sitio tenga pagerank, esos enlaces no deben ser nofollow, es decir, ciertos enlaces tienen un atributo llamado nofollow, y básicamente esto sirve para que ese enlace no transmita pagerank hacia el sitio que está apuntando. Esto fue creado por Google por el exceso de spam que existía para lograr aumentar el pagerank de una página determinada. El atributo nofollow luce de esta manera en el código HTML del enlace:

```
<a href="http://www.pagina-a-enlazar.com"
rel="nofollow">anchor text</a>
```

El problema con los enlaces nofollow es que la mayoría de las personas aún creen que no sirven para el posicionamiento. Las personas creen que, cuando Google se encuentra con este tipo de enlaces, no los va a tener en cuenta para el posicionamiento. En realidad, no los tendrá en cuenta para aumentar el pagerank de la página hacia la cual está enlazando, pero sí contará como un voto para esa página.

Si usted aún cree que no funcionan, le recomiendo que construya 150 enlaces nofollow y analice si funcionan o no. Yo los uso muy a menudo y me funcionan perfectamente. Los enlaces nofollow lo unico que no haran es incrementar el pagerank, pero sirven para el posicionamiento web.

¿Dónde vamos a crear enlaces? Vamos a construir enlaces en blogs, en foros y en directorios de artículos. Pero no sirve cualquier sitio. Usted debe asegurarse que el pagerank del sitio sea 3 o mayor a 3. En realidad, mientras más grande sea mucho mejor, pero vamos a imponer que sea como mínimo mayor a 3. Cuando digo pagerank del sitio me refiero al pagerank de la home del sitio, de la página principal. Cada página (no sitio) tiene un correspondiente pagerank. Si usted deja un enlace en una página con un pagerank alto, el enlace será mucho más poderoso todavía. Por ejemplo, el sitio www.dominio.com tiene un pagerank de 4. Si usted deja un enlace en alguna página interior a este sitio, está muy bien. Pero además, si el pagerank de la página es de 2, 3 o mayor, el enlace valdrá más para Google.

Antes de explicarle cómo encontrar sitios para crear enlaces, debo explicarle algo muy importante: el anchor text. El anchor text es lo que va a determinar el posicionamiento con una determinada frase clave. El anchor text es el texto visible y clickeable de un enlace. El 80% de las veces debe usar como anchor text la frase con la cual se quiere posicionar. El otro 20% debe hacerlo con variaciones, puede agregar alguna palabra de más si lo prefiere o puede usar como anchor text la misma url a posicionar. Cuando digo de agregar alguna palabra me refiero a lo siguiente: por ejemplo, supongamos que usted quiere posicionarse con la frase "como jugar al golf", para ir variando ese anchor text puede agregar al final de la frase la palabra "mejor". No importa si agrega algo más, si el anchor text contiene la frase con la cual usted se quiere posicionar, usted ya tiene el posicionamiento asegurado.

Si usted quiere ganar visitas rápidamente a su sitio, yo le recomiendo que comience con frases long tail. Las frases long tail son frases de más de 3 palabras, también son llamadas frases de cola larga. Lo que yo recomiendo es que comience con frases long tail que incluyen la frase con la cual usted se quiere posicionar.

Por ejemplo, supongamos que usted se quiere posicionar con la frase "quitar la celulitis". Si usted elige la frase "como quitar la celulitis de las piernas", se posicionará rápidamente con esa frase long tail, comenzará a recibir tráfico rápidamente y los enlaces que se han creado para esa frase long tail también servirán para la frase "quitar la celulitis", ya que la frase long tail ya incluye esa frase. Una vez que esté bien posicionado con la frase "como quitar la celulitis de las piernas", puede seguir usando como anchor text la frase "como quitar la celulitis", de esta manera estará posicionando también con esa frase. Una vez que haya logrado un buen posicionamiento con esa frase, ahora sí puede comenzar a utilizar la frase "quitar la celulitis" como anchor text.

Google sólo considera un enlace por dominio, es decir, si ha creado dos o tres enlaces en un mismo dominio Google solo tendrá en cuenta uno solo de ellos. ¿Cuál de ellos tendrá en cuenta? No lo sé. Quizás el de menor importancia o el de mayor importancia. No lo sabemos a ciencia cierta. Por esa razón recomiendo sólo un enlace por dominio.

No importa dónde creamos nuestro enlace, si en un dominio .es, .com, .com.ar, no interesa qué clase de dominios utilicemos. Google lo que quiere es diversidad de IPs. El quiere enlaces provenientes de todas partes del mundo, es decir, sitios web alojados en servidores de Australia, Japón, Sudáfrica, Alemania, México...

Algo muy importante relacionado con las IPs es la relación de clase C. Dos enlaces provenientes de IPs con la misma relación de clase c tienen el mismo valor que un sólo enlace. ¿Pero qué es la relación de clase C se debe estar preguntando? Por ejemplo, las siguientes IPs tienen la misma relación de clase C:

123.54.27.175
123.54.27.145

Dos sitios cuyas IPs tienen la misma relación de clase C indica que esos sitios están alojados en la misma empresa de hosting. Muchas empresas de hosting tienen un plan para sus usuarios en el cual es posible tener varios dominios en ese mismo plan. Entonces alguien que quiere crear enlaces para uno de sus sitios podría tener varios sitios web en ese mismo plan y en cada uno de ellos un enlace hacia la página que quiere posicionar. Pero Google se dio cuenta de esto, y por esa razón dos o más enlaces provenientes de IPs con la misma relación de clase c tienen el mismo valor que un sólo enlace.

Para saber la IP de un sitio web y el pagerank de una página determinada puede usar la herramienta SeoQuake. Es una herramienta que se utiliza tanto con Firefox como con Google Chrome. La herramienta puede ser encontrada en www.seoquake.com.

EL DILEMA DEL PAGERANK

El Pagerank es uno de los tantos factores que determinan el posicionamiento de una página en Google, pero no es el más importante. La mayoría siempre recomienda o se preocupa por aumentar su pagerank. La realidad es que no es absolutamente necesario tener alto pagerank. Eso va a depender de los demás sitios que estén en los primeros lugares. Si ellos están muy bien optimizados interna y externamente (enlaces externos o backlinks) y también tienen un alto pagerank, entonces lamentablemente quizás también deba preocuparse por el pagerank. Pero si usted cree que puede hacer una campaña de creación de enlaces mucho mejor que su competencia, no es necesario que se preocupe por aumentar el pagerank.

No quiero que me malinterprete cuando digo que el pagerank no es el factor más importante. El pagerank es importante, pero no determina el posicionamiento. ¿Por qué sería bueno tener un alto pagerank? Un sitio con alto pagerank, es decir, de 4 o arriba de 4, es un sitio autoritario para Google. Si tiene una pésima optimización interna y externa pero su sitio tiene un alto pagerank, es capaz de posicionarse rápidamente en los primeros lugares si se lo optimiza interna y externamente, ya que es considerado un sitio autoritario delante de los ojos de Google.

Lo siguiente se lo voy a decir por si quiere preocuparse por aumentar el pagerank de su sitio, aunque no lo recomiendo. El pagerank se actualiza cada 3 meses, y no es para un sitio en particular, es en general. Existe una fecha determinada en la cual se actualizará el pagerank de todas las páginas.

DÓNDE Y CÓMO CREAR LOS ENLACES

Vamos a crear los enlaces en blogs, en algunos perfiles en foros, en los comentarios en foros, en marcadores sociales, directorios de artículos y en sitios .edu y .gov. Una vez que tengamos lista la optimización interna de nuestro sitio, comenzamos a construir enlaces en marcadores sociales la primera semana.

Los marcadores sociales son un tipo de medio social que permiten almacenar, clasificar y compartir enlaces en Internet. Los marcadores sociales más conocidos son Digg, Diigo, Delicious, Reddit. Vamos a comenzar con estos sitios porque son sitios autoritarios con alto pagerank y además, si nuestro sitio es uno nuevo, ayudará a que se indexe rápidamente en Google. Recomiendo que se use el sitio OnlyWire.com para automatizar esta tarea.

Luego una vez que se han creado los enlaces en estos marcadores, en la primera semana vamos a seguir con blogs, foros y artículos. Vamos a empezar con 50 enlaces la primera semana y luego podemos continuar con ese número o aumentar de a poco. Lo ideal sería aumentar entre 5 y 10 enlaces y nunca superar los 100 enlaces a la semana, ya que es un sitio nuevo y puede ser bastante sospechoso. Recomiendo que los enlaces estén repartidos entre blogs, foros y directorios de una manera razonable, sólo al principio.

Los blogs que yo recomiendo son aquellos donde los comentarios no sean aprobados automáticamente, es decir, que se necesite de una persona para que se apruebe el comentario, que por lo general, es el dueño del blog o el moderador. Muchas veces los blogs en los cuales los comentarios son aprobados automáticamente están llenos de comentarios spam y enlaces hacia sitios para adultos, viagra y cosas por el estilo. Esta clase de páginas para dejar comentarios no ayudará mucho a su sitio y por lo tanto debería tratar de evitarlos.

Por lo general, lo blogs que se necesita de una persona para aprobar los comentarios son los blogs de Wordpress. Esta clase de blogs son fáciles de identificar. Po lo general, dicen Wordpress en la parte inferior del sitio o "Powered by Wordpress". Igualmente, hoy en día la mayoría de los blogs están hechos con Wordpress, por lo tanto usted no tendrá muchas dificultades para encontrarlos.

Para encontrar foros para crear enlaces, lo mejor es buscar en Google la palabra "foros" seguido de algún tema de su preferencia si es que lo prefiere. Por ejemplo, podría buscar "foros programacion". Para encontrar foros en general, es decir, sobre cualquier tema, puede buscar en Google las siguientes frases:

- "powered by phpbb"
- "powered by Vbulletin"
- "powered by smf"
- "powered by PunBB"
- "powered by MyBB"

Las palabras que siguen luego de "powered by" son las distintas plataformas de foros y cada foro tendrá esa frase en la parte inferior del sitio. De esta manera, se podrán encontrar fácilmente los foros para construir enlaces.

Los perfiles en foros los recomiendo sólo en la semana 3 ó 4. Y también recomiendo que construya muy pocos, ya que a Google se le dificulta para indexarlos. Muchas veces no los indexa a pesar de que lo obligamos a hacerlo. Google quiere indexar páginas con contenido, y si ve alguna casi sin contenido, será un poco difícil que la indexe.

Debe asegurarse que el foro sea accesible al público, es decir, a personas que no son miembros del foro. Existen foros que no permiten que personas que no son miembros puedan ver el perfil de las demás personas, y eso implica que Google tampoco podrá ver el perfil, y por lo tanto, nunca encontrará el enlace que usted creó.

Los enlaces con artículos son excelentes enlaces ya que lucen como enlaces naturales. Parecen naturales porque los directorios nos permiten insertar el enlace rodeado por texto, es decir, en el medio del artículo. Esta clase de enlaces son considerados como naturales por Google. La desventaja de este tipo de enlaces es que todavía no hay muchos directorios de artículos con alto pagerank como en inglés. Para encontrar directorios de artículos simplemente busque en Google la frase "directorio de articulos". Los artículos deben contener 500 palabras o más dependiendo del directorio.

Otro tipo de enlaces que también debe tratar de conseguir son los enlaces provenientes de sitios .edu y .gov. Estos sitios son sitios autoritarios para Google, siempre que tengan alto pagerank. Para encontrar blogs .edu y .gov simplemente busque en Google lo siguiente:

- site:.gov inurl:blog "post a comment"
- site:.edu inurl:blog "post a comment"

Y para encontrar foros:

- "powered by vbulletin" site:.edu
- "powered by phpbb" site:.edu
- "powered by smf" site:.edu
- "powered by MyBB" site:.edu
- "powered by PunBB" site:.edu
- "powered by vbulletin" site:.gov
- "powered by phpbb" site:.gov
- "powered by smf" site:.gov
- "powered by MyBB" site:.gov
- "powered by PunBB" site:.gov

ELIMINANDO ALGUNOS MITOS

Mito #1: Los intercambios de enlaces funcionan. MAL. Google ya ha dicho hace mucho tiempo que no tiene en cuenta los intercambios de enlaces. Por lo que he visto, parece que no penaliza a los sitios que hacen intercambio de enlaces. Al parecer, simplemente los ignora. Por lo tanto, no pierda tiempo haciendo intercambio de enlaces porque no le funcionará.

Mito #2: Para posicionarse en Google hay que agregar contenido continuamente. MAL. Algunas personas aconsejan que se deben crear dos o más artículos por semana para posicionarse. Dicen que a Google le gusta el contenido fresco y que por esa razón usted se vas a posicionar en los primeros lugares. Al principio sí es necesario. Pero una vez pasados los 4 ó 5 meses se puede publicar artículos cada uno o dos meses. Y aunque siga publicando artículos jamás se va a posicionar si no crea enlaces.

Mito #3: Para un sitio nuevo se deben crear muy pocos enlaces porque sino Google nos penalizará. MAL. La gente piensa eso y crea solo unos 30 ó 40 enlaces al mes. Algunos sólo crean unos 10 enlaces al mes. Con esa cantidad usted va a tardar mucho en posicionarse, a menos que sus palabras sean escasamente competitivas. Pero si quiere posicionarse con frases relativamente competitivas deberá crear mucho más que eso. Pero sólo tenga cuidado de no excederse. Existe un límite, y si supera ese límite será penalizado. Quizás para siempre.

Mito #4: Un enlace es un enlace. MAL. Muchas personas dicen que cualquier enlace sirve. Lo cierto es que cualquier enlace no sirve. Como le expliqué anteriormente, los enlaces deben provenir de sitios con alto pagerank.

Mito #5: Para posicionarse en un país determinado se deben crear enlaces en sitios cuya IP pertenece al país en cuestión. MAL. Lo voy a explicar con un ejemplo para que se entienda. Por ejemplo, hay personas que dicen que para posicionarse en España, hay que crear enlaces en sitios provenientes de España. Y están totalmente equivocados. Como ya le expliqué anteriormente, hay tres formas para elegir dónde posicionarse, y ninguna de esas 3 formas incluye a los enlaces.

Mito #6: Para posicionarse en un país determinado se deben crear enlaces en sitios cuya extensión de dominio pertenece al país en cuestión. MAL. Si yo me quiero posicionar en España, no voy a crear enlaces solamente en sitios con extensión .es.

Mito #7: Si buscamos una frase en Google y aparece una gran cantidad de páginas como resultado, esa frase está muy competida y no debemos elegirla. MAL!!! La cantidad de páginas que aparecen en Google para una cierta frase NO indica el grado de competitividad. Simplemente también aparecerán páginas que sólo mencionan esa frase en el contenido, pero que no están compitiendo por esa frase.

Mito #8: Hay que dar de alta nuestro sitio web en Google para que lo incluya a su base de datos. MAL. No hay que dar de alta nuestro sitio en Google. Simplemente comience creando enlaces en los marcadores sociales como Digg y Google incorporará rápidamente su sitio en su base de datos.

Mito #9: Si quiere estar bien posicionado en Google su sitio web debe estar en el directorio DMOZ.org. MAL. No es necesario estar en este directorio para aparecer en los primeros resultados de Google.

LO QUE NO DEBE HACER PARA EVITAR PENALIZACIONES

Este capítulo decidí incorporarlo a último momento para que no cometa algunos errores que pueden ser fatales para el posicionamiento. A continuación voy a enumerar algunas prácticas que debe evitar.

1) Cloaking: Este método básicamente consiste en mostrar una página diferente al robot de Google que la que ven los visitantes. De esta manera, la página que ve el robot de Google está optimizada con palabras claves para satisfacer a Google, y quizás resulte ilegible para cualquier persona. Evite esta práctica porque Google lo va a penalizar.

2) Enlaces del mismo color que el contenido: evite tener enlaces del mismo color que su contenido. Los enlaces deben tener un color distinto al texto, para que los visitantes puedan identificar ese enlace.

3) Texto oculto: Las personas que se inician en el SEO a veces cometen el error de insertar texto del mismo color que el fondo, de esta manera los visitantes no pueden ver el texto pero sí Google. Por lo general lo hacen para agregar más palabras claves. Pero Google se da cuenta de esta práctica y la penaliza.

4) Evite un exceso de palabras claves. Como ya le mencioné, debe usar una densidad de palabras claves del 1 ó 2%.

5) Evite tener demasiada publicidad en su sitio. A Google no le gusta los sitios con exceso de publicidad, ya que muchas veces molesta a los visitantes.

6) Como ya mencioné anteriormente, evite construir una gran cantidad de enlaces en muy poco tiempo.

7) Evite tener sitios web que tardan mucho en cargar. Si tiene muchas imágenes, intente disminuir el peso de las mismas. Google quiere mostrar a los visitantes páginas web rápidas.

EL SECRETO DE LA PRIMERA POSICIÓN

Es probable que cuando comience a crear enlaces vea a su sitio saltar de posiciones o verlo desaparecer del índice de Google. Esto se denomina Google Dance y sucede únicamente cuando se comienzan a crear enlaces para un sitio no autoritario. No debe asustarse y pensar que es una penalización de Google. Si usted ha hecho bien su trabajo, su sitio volverá a aparecer en Google. Si ha hecho algo mal, como crear una gran cantidad de enlaces en muy poco tiempo, y ya ha pasado un mes y su sitio no aparece en Google, es muy probable que haya sido penalizado.

Cuando un sitio es penalizado, jamás se puede volver a recuperar. Google no perdona. Lo mejor en estos casos es comprar un nuevo dominio y empezar de nuevo.

Algo importante cada vez que crea enlaces en perfiles de foros o en directorios de artículos, es de notificarle a Google de esos enlaces. Puede ser que Google no encuentre esos enlaces ya que se encuentran en páginas que fueron creadas recientemente. Cuando usted publica un artículo en uno de los directorios, se crea una nueva página para ese artículo. Si Google jamás encuentra esa página, su enlace jamás será encontrado y Google no lo tendrá en cuenta para el posicionamiento web. Lo mismo sucede con los perfiles de los foros.

Entonces, para notificar de los enlaces a Google existen herramientas, gratis y pagas. La forma más sencilla de hacer esto es usando los marcadores sociales, tales como Digg. Estos sitios son visitados diariamente por Google, por lo tanto seguramente encontrará su enlace rápidamente.

Una vez que ya haya creado una buena cantidad de enlaces, en la semana 6 quizás, podría comenzar a investigar qué clase de enlaces tiene la competencia. Si usted puede tener los mismos enlaces que su competencia, logrará estar mejor posicionada que ella. Sólo "robe" aquellos enlaces cuyo anchor text es el mismo con el cual usted quiere posicionarse. Los demás no le servirán. Y también, sólo use aquellos sitios con alto pagerank donde su competencia tiene enlaces. Los de bajo pagerank no servirán de mucho. La herramienta que yo mismo utilizo para espiar a la competencia se llama SeoSpyglass. Existe una versión gratuita y una paga. La versión gratuita sirve para estos fines.

Como le dije en un principio, la creación de enlaces es toda una ciencia, eso fue lo que me llevó a crear el curso "TurboEnlaces" (www.turboenlaces.com), el primer y único curso en video que explica completamente esta ciencia desde la A hasta la Z. ¿Y por qué menciono que es una ciencia? Porque aún no termina, ya que después de haberle robado los enlaces a la competencia, debería comenzar a construir enlaces mucho más poderosos aún, enlaces que lo llevarán a la primera posición si lo hace de la manera correcta.

Estos enlaces más poderosos son los enlaces en la home de otro sitio web. Por supuesto, aquí también debe cumplirse lo anterior: alto pagerank y usar el anchor text. Sólo tenga cuidado de dónde crea esos enlaces. Muchas veces las personas consiguen estos enlaces en la sección de "Enlaces Amigos" y no es así como funciona. Google ya sabe que esos enlaces son enlaces amigos. O sino los interpreta como publicidad. En ambos casos, no valen nada. Sólo asegúrese de que esos enlaces luzcan como enlaces naturales y de esta manera contarán para el posicionamiento web.

AHORA SÍ... ANALIZANDO LA COMPETENCIA

Como le mencioné al final del capítulo titulado "Cómo Nos Van a Encontrar", es sumamente importante analizar si es posible llegar a la primera posición de Google, ya que como le mencioné, sólo el primer lugar recibe la mayor cantidad de visitas.

Para saber si podemos llegar hasta allí, primero debemos analizar la optimización interna de la página que está en primer lugar. Si la frase clave con la cual nos queremos posicionar se encuentra en el título de la página y en la etiqueta h1, es muy probable que el dueño del sitio esté haciendo o haya hecho SEO para su página. Si no aparece la frase en el título o en la etiqueta h1, hay probabilidades que no esté haciendo SEO.

Debemos fijarnos también el contenido del sitio y si tiene las palabras claves en el dominio. Con respecto al contenido debemos analizar si hay mucho o poco contenido. Si las palabras claves no están en el título ni en la etiqueta h1, y además tiene escaso contenido en la página que estamos analizando, tal como menos de 100 palabras, quizás podremos quitarle el primer lugar.

Pero como mencioné antes, lo más importante en el SEO son los enlaces externos. Vamos a usar SeoSpyglass para averiguar qué clase de enlaces tiene. Averigüe si existen enlaces cuyo anchor text contiene la frase con la cual usted se quiere posicionar. Si existen enlaces con ese anchor text, averigüe cuántos enlaces tiene. Si tiene 100 enlaces con ese anchor text, usted sólo debería construir más de 100 enlaces para robarle el puesto. Aunque también debería analizar la calidad de esos enlaces. Por ejemplo, debería analizar el pagerank del dominio del cual provienen esos enlaces y el pagerank de la misma página donde se encuentran esos enlaces. Si cree que puede construir más enlaces que su competencia y de calidad, entonces elija esa frase.

Si usted ve que esa página presenta una gran cantidad de enlaces con el anchor text con el cual usted se quiere posicionar, le recomiendo primero que averigüe la edad del dominio del sitio que está en primer lugar. Tan solo ingrese a la siguiente página

http://whois.domaintools.com/

y le indicará la edad del dominio. Si es un dominio viejo, es decir, un dominio creado hace aproximadamente unos 8 años antes que el suyo, le recomiendo que busque otra frase para posicionarse si la página está bien optimizada internamente. Los dominios viejos son sitios autoritarios para Google, y por lo tanto, son difíciles de quitarles su lugar.

Cuando encuentre una posible frase para posicionarse, debería hacer otra vez lo mismo. Si usted cree que puede competir contra la página que está en primer lugar, adelante. Comience a hacer SEO con esa frase que eligió.

GANE DINERO CON GOOGLE

Este es un capítulo extra que le regalo por haber adquirido este libro. Y es lo que muchas personas quieren saber: Si se puede realmente ganar dinero por Internet.

Existen múltiples formas de ganar dinero por Internet. Algunas nos pueden producir muy poco dinero y otras enormes cantidades de dinero. Y cuando hablo de enormes cantidades de dinero, me refiero a miles de dólares por Internet.

No voy a enumerar todas las formas de ganar dinero por Internet. Solamente voy a explicar 3 de las cuales pueden generarle buen dinero cada mes y en las cuales Google puede ayudarle a llevarle tráfico gratis. Estas 3 formas de ganar dinero son: ganancias con AdSense, ganancias como afiliado y ganancias con nuestros propios productos de información. Estas dos últimas son muy parecidas y ya los voy a explicar con detalle.

Ganancias con Adsense

Para explicarle detalladamente qué es AdSense, voy a usar la misma definición de Wikipedia: "*Google AdSense es, junto con Google AdWords, uno de los productos de la Red de publicidad online de Google. Básicamente, permite a los Editores obtener ingresos mediante la colocación de anuncios en sus sitios Web, ya sean de texto, gráficos o rich-media. Estos anuncios son administrados y ordenados por Google en asociación con los Anunciantes de AdWords a través de un complejo sistema de subasta instantánea.*"

Es decir, AdSense es publicidad que puede insertar en su sitio web y usted puede ganar dinero debido a los clics que hacen los visitantes a su sitio, o también por impresiones, es decir, cada vez que se muestre el anuncio a un visitante único.

Con AdSense no se gana mucho dinero a menos que genere una buena cantidad de tráfico a su sitio. No puedo darle muchos consejos sobre este tema ya que no soy un experto, pero me gustaría darle algunos consejos que sé que son importantes.

Debe elegir una frase clave que se mantenga estable en el tiempo, es decir, una frase cuyas búsquedas han sido estables en el tiempo o ha ido aumentando. Esto puede verificarlo con la misma herramienta para palabras claves de Google. Luego de haber realizado una búsqueda, haga clic sobre la frase que eligió y se le abrirá un menú. Allí debe hacer clic en "Experiencias de Google para Search". Se le abrirá otra ventana con un gráfico mostrándole cómo ha ido variando esa frase en el tiempo.

Y también le aconsejo que elija frases claves con un alto costo por clic. Lo que usted debe hacer es crear contenido en su sitio web optimizado para esa o esas frases claves que haya elegido. Los anuncios de AdSense se muestran según las palabras que haya en la página web. Entonces, si usted elige frases con un alto costo por clic, va a ganar más dinero cada vez que una persona hace clic en su anuncio que si eligiera una de bajo costo por clic.

Ganancias con nuestros productos de información

Los productos de información o infoproductos son cursos digitales que se venden por Internet y básicamente lo que hacen es solucionar un problema. Por ejemplo, si usted sabe cómo bajar 10 kilos en 2 semanas, podría crear un curso sobre este tema y venderlo por Internet. Imagínese que lo vende a $47 dólares y que 50 personas al mes le compran ese curso. Usted estaría ganando unos $2350 dólares al mes en piloto automático, ya que el sitio se va a encargar de hacer la venta, no usted.

Ahora imagínese que aumenta el número de visitantes a su sitio web, o que crea un segundo producto para vendérselo a aquellas personas que ya son clientes suyos, pero esta vez uno más caro, con contenido que muy pocas personas conocen.

Supongamos que el tráfico sigue siendo el mismo y que usted ha creado un nuevo producto a $67 dólares. Y vamos a suponer que sólo la mitad de sus clientes le compran. Entonces, habíamos dicho que tiene 50 clientes al mes, de esos 50 solo la mitad van a comprar su segundo producto, es decir, solo 25 personas. Entonces 25x$67=$1675 dólares. Por lo tanto, usted estaría ganando $2350 + $1675 = $4025 dólares.

¿Qué sucede si creamos un tercer producto? Y además de eso incrementamos el tráfico hacia nuestro sitio. Haga usted mismo las cuentas y verá algo que muy pocas personas conocen hasta ahora.

Este tipo de negocio existe en el mercado hispano, pero todavía no está muy desarrollado, quizás por esa razón no ha escuchado sobre los productos de información. En cambio, en el mercado anglosajón, esto está tan desarrollado que ya está saturado.

¿En qué formato puede vender sus cursos? Hace unos años estaba de moda el libro electrónico o e-book, un archivo en formato PDF. Pero están desapareciendo actualmente y cada vez hay más cursos en audio o en video. Si puede crear un curso en audio o en video sería mucho mejor, ya que esta clase de cursos tienen un mayor valor percibido y puede incrementar los precios.

¿Básicamente cómo funciona esto? Usted jamás deberá dirigir a las personas a la página de venta porque muy pocos le van a comprar. Las conversiones suelen ser muy bajas, por lo general menor al 1%. Es decir, de cada 100 personas quizás le compre una sola. O de cada 200 personas, sólo le compra una.

Por esa razón debemos dirigir nuestro tráfico hacia una página llamada "página de captura". En esta página básicamente lo que usted debe lograr es que los visitantes le dejen su correo electrónico. Una vez que le dejan su correo electrónico, usted podrá comunicarse con esa persona cuando lo desee. Pero lo más importante es hacerle un seguimiento, es decir, lo que se llama *e-mail marketing*.

Básicamente, lo que usted debe hacer es enviarle información gratuita y adjunto con esa información un llamado de acción para que visite la página de venta.

Seguramente muchas personas no querrán dejarle su e-mail en la página de captura. Por esa razón usted debe ofrecerles un regalo a las personas cuando se registren.

Supongamos que usted quiere vender un curso sobre cómo bajar de peso. Usted debe decirles en la página de captura que tiene un reporte gratuito para la persona en el cual le va a revelar alguna clase de información que le servirá para resolver su problema. Pero para tener acceso al regalo, primero debe escribir su e-mail. Es así como se captura los correos de las personas.

Antes de seguir hablando sobe este tema, quizás se esté preguntando que tiene que ver Google en todo esto. Las personas están constantemente buscando información, y una de las grandes fuentes a las que las personas recurren para buscar información es Google.

Las personas ingresan a Google para buscar información. Entran para saber cómo curar el acné, como quitar la celulitis, como combatir el estrés, como ganar más dinero, cómo recuperar a su ex, etc. Y cuando las personas hagan esta clase de búsquedas en Google, aparecerá su sitio. Obviamente, si es que usted lo optimizó para que apareciera allí. Para saber qué están buscando las personas, tan sólo debe usar la herramienta para palabras clave de Google.

Algo que recomiendo que haga es que investigue muy bien antes de comenzar su negocio por Internet. Quizás usted encuentre que las personas están buscando mucho sobre un tema determinado, pero quizás no estén interesadas en comprar.

Existen 3 grandes nichos en los cuales usted debe concentrarse: amor, salud y dinero. Y dentro de estos nichos existen una gran variedad de temas que usted puede elegir. Por ejemplo, dentro del nicho salud podemos encontrar a personas buscando diferentes tópicos como los que mencioné anteriormente.

Una excelente forma para saber si puede tener éxito en un tema determinado es buscando si existe competencia. Si existen otras personas vendiendo lo que usted quiere vender, significa que es un nicho rentable.

Ganancias como afiliado

Esta forma de ganar dinero es parecida a la anterior. La única diferencia es que no es necesario que usted tenga un producto propio para vender, sino que puede vender el producto de otra persona. A esta clase de práctica se la denomina *marketing de afiliados*. Y por lo tanto, usted sería un afiliado.

¿Cómo funciona este método? Básicamente usted debe hacer lo mismo que en el caso anterior. Debe capturar el correo de las personas para luego ofrecerles productos de otras personas. ¿Dónde puede encontrar productos para promover? El sitio número 1 para hacer esto es Clickbank.com, y está en español. Allí podrá encontrar varios productos en español para promover como afiliado.

¿Cómo gana dinero usted? Lo que debe hacer es registrarse en el sitio. Una vez que está registrado, puede elegir el producto a promover. Clickbank le proporcionará un enlace llamado enlace de afiliado al cual usted deberá llevar tráfico. Si la persona que visita el sitio compra el producto, usted recibirá una comisión, que por lo general se encuentra por arriba del 50%.

¿Cuáles son las ventajas del marketing de afiliados? La principal ventaja es que usted no debe crear ningún producto para vender. Usted puede comenzar a ganar dinero sin tener un producto. Otra ventaja importante es que no tiene que ocuparse del soporte técnico del producto. Su único trabajo es lograr la venta.

También existen otros programas de afiliado en los cuales podrá vender productos físicos, pero el problema con esta clase de programas es que la comisión es muy baja.

ALOJAMIENTO WEB Y DOMINIO

Este capítulo decidí incluirlo porque quizás no tiene mucha experiencia con sitios web y no sabe a qué empresa recurrir para contratar el alojamiento web o para comprar su nombre de dominio.

Las empresas que yo recomiendo son Hostgator y Godaddy. Hostgator es uno de los mejores servicios de alojamiento web que existe. Sus servidores son muy estables, rápidos, nunca presentan ningún tipo de problemas como otro tipo de servicios. Tiene un plan en el cual usted podrá tener dominios ilimitados, es decir, si quiere tener otro sitio web no es necesario volver a contratar otro plan, usted puede tener tantos dominios (o sitios web) como usted quiera en un mismo plan. Hostgator lo puede encontrar en www.hostgator.com.

Godaddy es uno de los sitios más populares para comprar dominios. Lo bueno de Godaddy es que permite organizar y tener todos nuestros dominios en un solo lugar. Godaddy es conocido por sus bajos precios y servicio al cliente las 24 horas del día. Lo puede encontrar en www.godaddy.com

EPÍLOGO

Google es una de las grandes fuentes de tráfico web del mundo, y le recomiendo que la utilice si no lo está haciendo.

Con estas estrategias que acaba de aprender, usted logrará aumentar la cantidad de visitas a su sitio web incrementando así sus ventas.

Comience a aplicar lo que aprendió, y verá resultados asombrosos en su negocio.

UN REGALO PARA USTED

Si desea aplicar estrategias mucho más avanzadas para su posicionamiento web, le tengo un reporte totalmente GRATIS para usted. Sólo debe ingresar a www.TurboEnlaces.com y podrá descargarse el reporte.